감수의 글

한자를 늘 접하는 저 같은 사람에게 요즘처럼 한자 교육에 대한 관심이 커지는 것은 반가운 일입니다. 그러나 지루한 암기 위주의 교육 방법이 도리어 한자에 대한 부정적인 인식만 키우는 것은 아닌지 걱정이 앞서기도 합니다.

이러한 현실에서 《마법천자문》의 출간은 매우 환영할 만한 일입니다. 우선 한자를 어린이들이 좋아하는 마법과 결합시킨 기획 아이디어가 돋보입니다.

그리고 그림(이미지)으로부터 비롯된 한자의 특성을 잘 살려서, 한자의 소리와 뜻과 모양을 한꺼번에 익히는 이미지 학습의 원리를 구현한 것도 뛰어납니다.

무엇보다도 어린이들에게 친근한 손오공의 좌충우돌 신나는 모험 이야기 속에서 한자를 재미있고 자연스럽게 익힐 수 있게 한 것이 이 책의 가장 큰 특징입니다. 한자 학습에 대한 긍정적인 경험은 어린이들이 앞으로 누가 시키지 않아도 한자를 스스로 공부할 수 있는 바탕을 마련해 줄 수 있기 때문입니다.

많은 어린이들이 이 책 《마법천자문》을 통해 이러한 좋은 경험을 함께 만들었으면 좋겠습니다.

서울대학교 사범대학 중등교육연수원
중국어과 주임교수 김창환

28권 의 **한자마법** 은 이 친구들과 함께 만들었어요.

★ 인천시 학익동에 사는 **김민영** 어린이 _ 모일 **회** 會
★ 서울시 관악구에 사는 **유경호** 어린이 _ 지킬 **보** 保
★ 성남시 분당구에 사는 **노시현** 어린이 _ 밟을 **천** 踐
★ 부천시 고강동에 사는 **이준정** 어린이 _ 더할 **익** 益

이 책의 특징

저절로 기억되는 한자 이미지 학습서
— 한자의 뜻과 소리와 모양이 만화의 한 장면에서 이미지와 함께 저절로 기억되도록 구성하였습니다.

암기 스트레스 없이 저절로 이루어지는 학습
— 암기식 한자 학습을 극복하여 읽기만 해도 저절로 공부가 됩니다.

한자 공부에 자신감을 주는 적절한 학습량
— 한자능력검정시험에 나오는 한자 중 사용빈도가 높은 한자를 뽑아 권당 20자씩 책으로 엮어 한자에 대한 자신감을 주고 원리를 이해하도록 구성하였습니다.

▶ 한자의 소리와 뜻과 모양을 마법이 펼쳐지는 장면에서 한 번에 익히기

알찬 한자 공부를 위한 체계적인 학습 페이지
— 새롭게 등장한 한자를 체계적으로 학습할 수 있도록 학습 페이지를 별도로 추가하였습니다.

- 한자의 모양, 소리, 뜻
- 한자능력검정시험 급수
- 한자의 유래
- 단어장
- 쓰기 연습

- 한자 퀴즈-초급
- 한자 퀴즈-중급

이 책에 나오는 한자

▶ 이 책에는 아래의 20자가 반복적으로 등장합니다.

한자	훈음	급수	페이지
益	더할 익	4급	11p, 148p
握	쥘 악	2급	19p, 148p
抑	누를 억	3급	21p, 148p
殺	죽일 살	4급	37p, 148p
越	넘을 월	3급	48p, 149p
挽	당길 만	1급	49p, 149p
急	급할 급	6급	50p, 149p
毁	헐 훼	3급	51p, 149p
毆	때릴 구	1급	53p, 150p
瞬	눈 깜짝거릴 순	3급	57p, 150p
保	지킬, 보호할 보	4급	58p, 150p
假	거짓 가	4급	60p, 150p
跌	거꾸러질 질	1급	63p, 151p
踐	밟을 천	3급	63p, 151p
搭	탈 탑	1급	88p, 151p
伐	칠 벌	4급	94p, 151p
斂	거둘 렴(염)	1급	101p, 152p
吞	삼킬 탄	1급	110p, 152p
會	모일 회	6급	117p, 152p
妨	방해할, 거리낄 방	4급	123p, 152p

차례

1. 위기일발의 손오공 ········ 8
2. 오공 장군님은 내가 지켜! ········ 24
3. 손오공의 반격 ········ 40
4. 교만지왕과의 첫 대면 ········ 50
5. 사건의 시작 ········ 64
6. 교만지왕이 광명상제 신하라고? ········ 76
7. 드러나는 암흑의 계획 ········ 88
8. 호위장군의 최후 ········ 110
9. 삼장의 폭주 ········ 122
10. 무너지는 은둔의 성 ········ 134

마법의 한자를 잡아라! ········ 148
다시 알아보는 마법의 한자 ········ 153
달라진 부분을 찾아라! ········ 154
내가 만드는 마법천자문 ········ 156
마법의 한자를 낚아라! ········ 157
마법의 한자 퀴즈를 풀자! ········ 158

등장 인물

손오공

호위장군과의 대결 도중 들린 삼장의 비명 소리에 오공은 마음이 더욱 조급해진다. 하지만 호위장군은 계속해서 광명상제를 해친 자라며 오공에게 달려든다. 오공은 호위장군과의 오해를 풀고 삼장을 구하러 갈 수 있을까?

삼장

검은마왕에게 납치된 뒤 은둔의 성에 갇혀 악마화 마법에 걸려 있다. 하지만 무의식 중에서도 계속 악마화를 거부하다가 몸에서 알 수 없는 빛을 뿜는다.

혼세

검은마왕의 뒤를 쫓아 은둔의 성에 가까스로 들어가지만, 성의 기운이 심상치 않음을 느낀다.

교만지왕

삼장의 악마화가 쉽지 않은 가운데, 손오공까지 코앞으로 들이닥치면서 정면 대결을 피할 수 없게 된 교만지왕. 오공을 해치우려 호위장군을 부추기다 결정적인 실수를 하는데….

옥동자, 아티스, 나르디

오공과 함께 은둔의 성에 들어왔지만 교만지왕의 함정에 빠져 위기에 처한다. 과연 이들의 운명은?

호위장군

광명상제를 지키던 장군으로, 손오공을 광명상제를 해친 자로 오해하여 계속해서 공격한다.

큐티

호위장군에게 무차별 공격을 받는 오공을 지키기 위해 사력을 다해 호위장군에 맞서지만, 힘의 차이는 크기만 한데….

광명상제

태극철권의 주인이자 광명계의 지배자로, 옥황계의 옥황상제와 대등한 위치에 있다. 광명상제가 실종되면서 모든 비극이 시작되었고, 마침내 그 실종 사건의 전모가 밝혀지는데….

이랑, 용세

검은마왕의 수하인 질투마녀와 소년자객의 방해로 검은마왕과 혼세를 놓친 이랑과 용세는 옥황계로 돌아가 광명계의 상황을 보고하기로 한다.

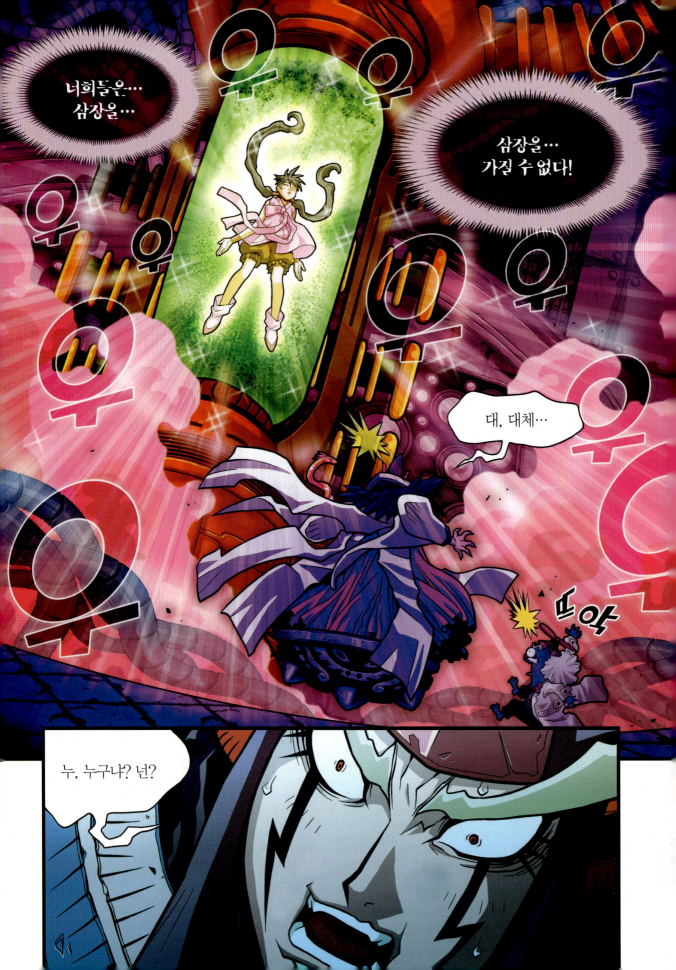

다시 교만지왕의 방

교만지왕님! 악마화 수치가 다시 내려갑니다옹!

뭐라고? 이번에도 밀릴 순 없다!

대자연의 기운을 모아…

삼장을 가질 수 없다!

제 2 장
오공 장군님은 내가 지켜!

아, 악마화 수치는 얼마지?

다행히 다시 80%까지 올라갔습니다옹!

후훗, 대쪽 같은 성격이라…

지나치게 곧은 나무는 부러지기 마련이지.

그런데 호위장군을 정말 저리 두어도 괜찮겠습니까옹?

*대쪽 같은 성격의 호위장군이 교만지왕님의 뜻대로 움직일지….

그, 그게 무슨…?

광명상제를 지키지 못한 죄책감과 범인에 대한 복수심에 사로잡혀,

자기 스스로를 파괴하고 있지 않느냔 말이다.

으윽…

석상 복도

*대쪽 – 대나무를 쪼갠 조각을 말하며, 흔히 성미, 신념이 곧은 것을 비유적으로 이르는 말.
*배후(背後) – 겉으로 드러나지 않은 뒤편.
*사죄(謝罪) – 지은 죄나 잘못에 대해 용서를 비는 것을 말함.

*만용(蠻勇) - 분별없이 함부로 날뛰는 용맹을 이르는 말.

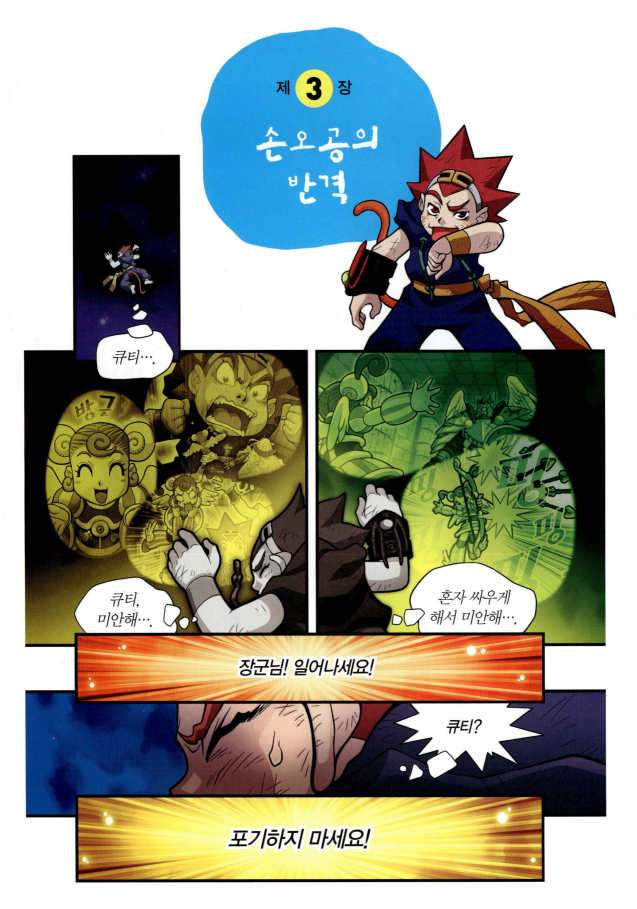

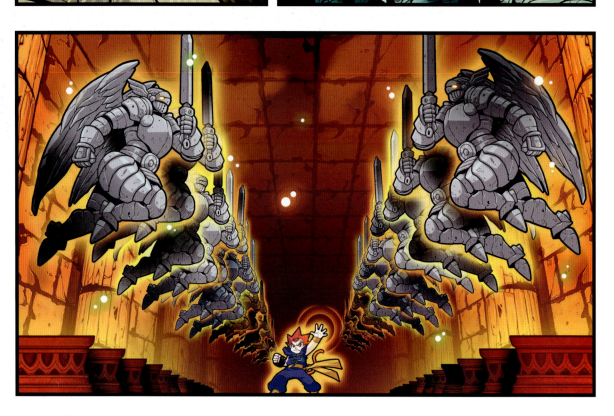

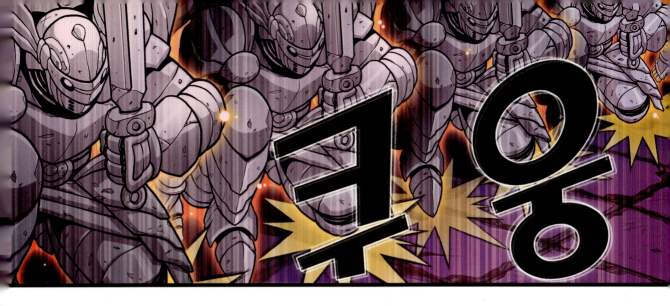

越 넘을 월 - 一 十 土 キ キ キ 走 走 走 赴 越 越

挽 당길 만 - 一 亅 扌 扌 扩 扩 挣 挣 挽

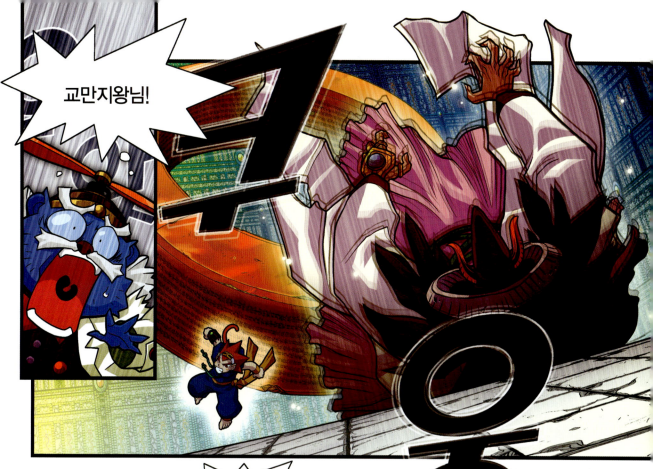

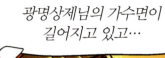

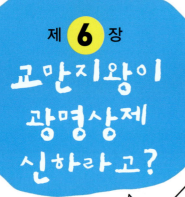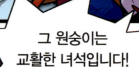

교만지왕의 방

*밀서(密書) - 몰래 보내는 편지나 문서.
*기만(欺瞞) - 남을 그럴 듯하게 속여 넘김.

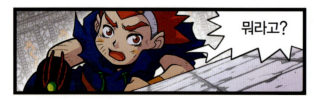

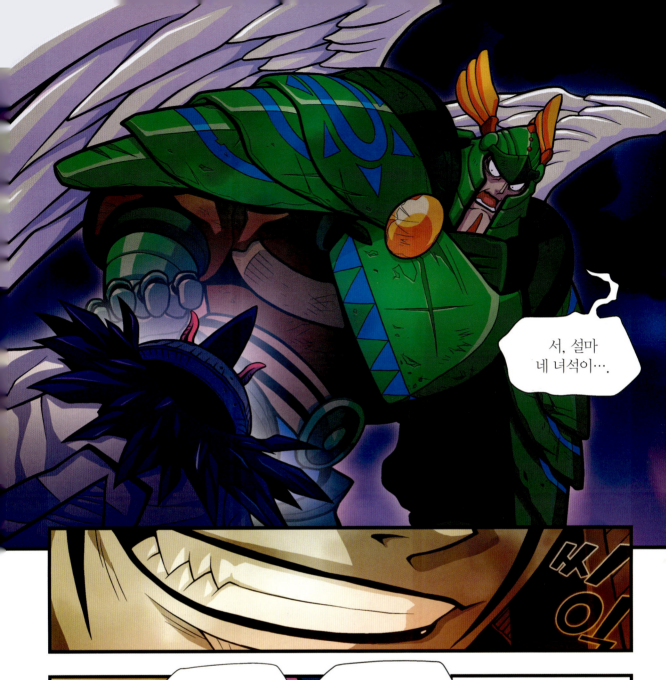

호위장군이 당한 날 밤

*지략(智略) – 어떤 일을 능숙하게 해결하는 슬기와 꾀.

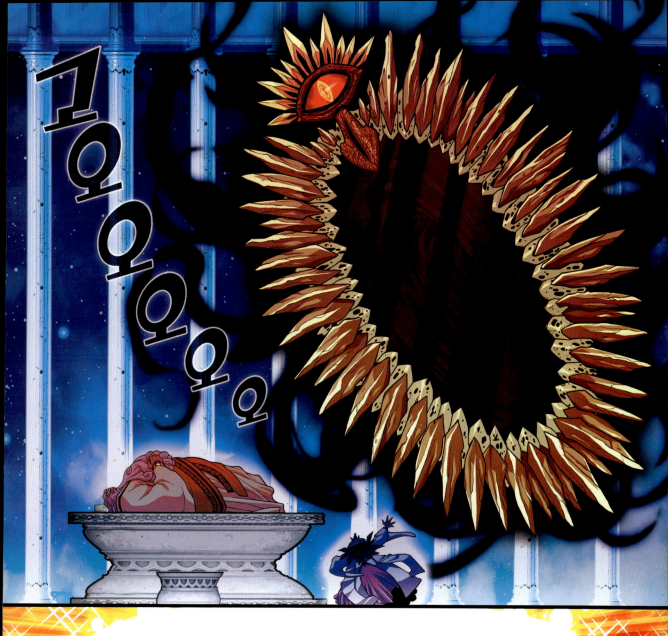

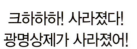

*공신(功臣) – 나라를 위하여 특별한 공을 세운 신하.   *관용(寬容) – 남의 잘못을 너그럽게 용서함.

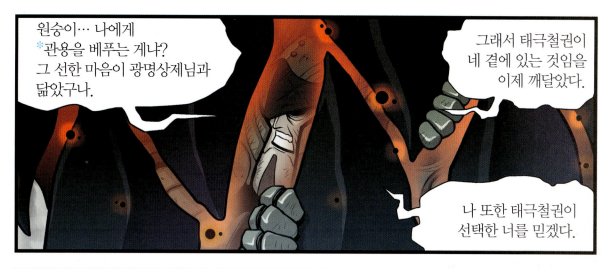

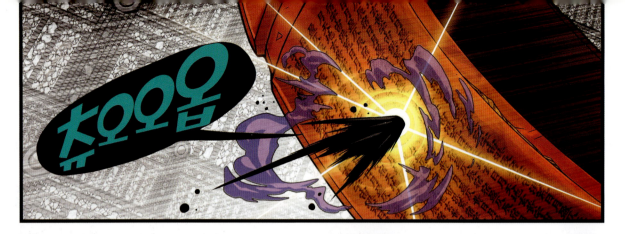

보십시오. 지금 삼장 님의 악마화가 막바지인데 저 원숭이 녀석이 방해한단 말입니다!

그러니 저 녀석을 먼저….

아하하! 검은마왕님, 제게 하고 싶은 말이 뭔지는 알겠으나,

저 녀석을 먼저 처리하면, 내게 또 폭탄이라도 떨어뜨리려는 거냐!

그, 그게 아니라… 우리의 목표는 결국 암흑상제님의 부활 아니겠습니까? 그러니 힘을 합…

쳇! 그렇게 내빼더니 기껏 여기야?

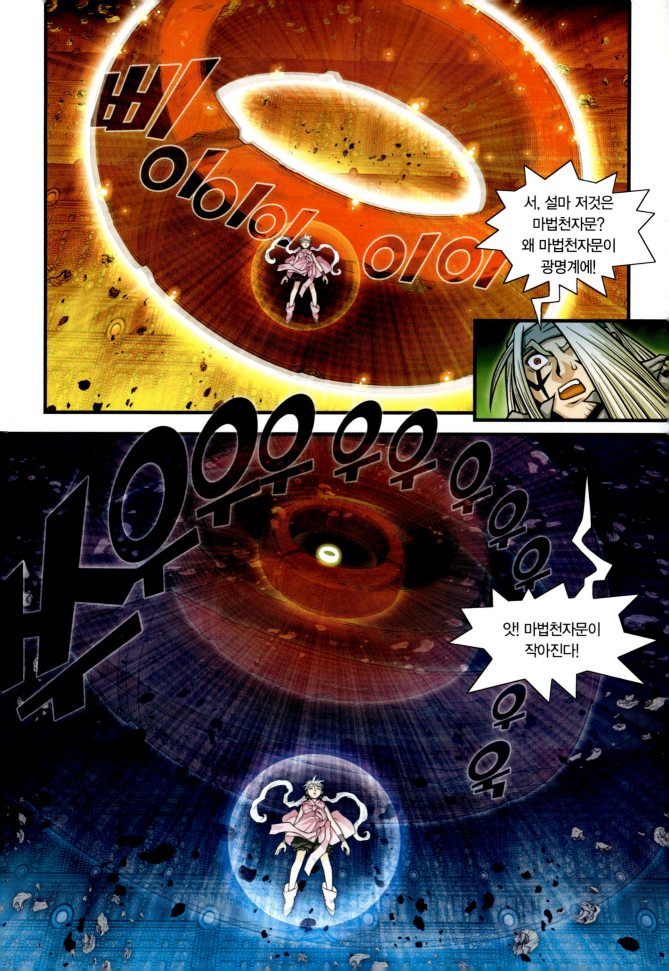

삼장의 폭주로 무너지는 은둔의 성 모두들 무사한 걸까? 29권에서 계속

마법의 한자를 잡아라!

益 더할 익

+ 한자능력검정시험 **4급** + 皿부의 5획 총 **10획**

물그릇 위로 물이 넘치는 모습에서, '더해지다', '많다', '가득하다'의 뜻을 나타낸다.

이익(利益) 물질적으로나 정신적으로 보탬이 되는 것을 뜻함.
익충(益蟲) 꿀벌, 누에와 같이 사람에게 유익한 곤충.

握 쥘 악

+ 한자능력검정시험 **2급** + 手(扌)부의 9획 총 **12획**

'손'을 뜻하는 手(수)와 음을 나타내는 屋(옥)을 합하여 '손 안에 싸서 넣다', '쥐다'의 뜻을 나타낸다.

악수(握手) 두 사람이 서로 손을 마주 잡아 친밀한 정을 표시함.
악력(握力) 물건을 쥐는 힘.

抑 누를 억

+ 한자능력검정시험 **3급** + 手(扌)부의 4획 총 **7획**

꿇어앉아 있는 사람의 머리를 손으로 내리누르는 모습을 본뜬 卬(인)과 '손'을 뜻하는 手(수)를 합하여 '누르다'의 뜻이 되었다.

억류(抑留) 억지로 머무르게 함.
억압(抑壓) 억지로 누름.

殺 죽일 살

+ 한자능력검정시험 **4급** + 殳부의 7획 총 **11획**

칼에 찔린 들짐승의 모습을 본뜬 杀(살)과 손에 몽둥이를 든 모습의 殳(수)를 합하여 '죽이다'의 뜻을 나타내며, 또는 '깎아서 줄이다'의 뜻도 나타낸다.

살균(殺菌) 병균을 죽임.
살벌(殺伐) 행동이나 분위기가 거칠고 무시무시함.

넘을 월

- 한자능력검정시험 **3**급 ◆ 走부의 **5**획 총 **12**획

먼 지역을 의미하는 戊(월)에 走(주)를 더하여 '먼 곳으로 넘어가다'라는 뜻을 나타낸다.

월장(越牆) 담을 넘음.
월등(越等) 사물의 정도의 차이가 크게 뛰어남.

당길 만

- 한자능력검정시험 **1**급 ◆ 手(扌)부의 **7**획 총 **10**획

사람이 모자를 쓰고 있는 모양을 본뜬 免(면)에 手(수)를 더하여 '손으로 당기다', '벗다', '벗어나다'의 뜻을 나타낸다.

만류(挽留) 붙들고 못 하게 말림.
만회(挽回) 바로잡아 돌이킴.

급할 급

- 한자능력검정시험 **6**급 ◆ 心부의 **5**획 총 **9**획

'따라붙다'의 뜻인 及(급)에 心(심)을 더하여, 쫓길 때의 절박한 마음을 나타내어 '긴급하다', '위급하다', '급하다' 등의 뜻을 나타낸다.

급격(急激) 급하고 격렬함.
급보(急報) 급히 알리는 것.

헐 훼

- 한자능력검정시험 **3**급 ◆ 殳부의 **9**획 총 **13**획

쌀을 절구에 찧어 속꺼풀을 벗겨 깨끗이 함을 뜻하는 毇(훼)에 土(토)를 더하여 '흙을 빻아 으깨다'의 뜻에서, '헐다', '깨뜨리다'의 뜻을 나타낸다.

훼방(毁謗) 헐뜯음. 비방함.
훼손(毁損) 헐거나 깨뜨려 쓰지 못하게 함.

마법의 한자를 잡아라!

殴 때릴 구

+ 한자능력검정시험 1급 + 殳부의 11획 총 15획

손에 몽둥이 또는 창을 든 모습을 본뜬 殳(수)와 '구별 짓다'를 뜻하는 區(구)를 합하여, '때려서 사악한 것과 구별 짓다'를 뜻한다.

구타(毆打) 사람이나 짐승을 함부로 치고 때림.
구박(毆縛) 때리고 묶음.

殴 殴 殴 殴

瞬 눈 깜짝거릴 순

+ 한자능력검정시험 3급 + 目부의 12획 총 17획

'눈'을 뜻하는 目(목)과 '두 발로 빠르게 춤을 추는 제사장'의 모습을 본뜬 舜(순)을 합하여, 눈을 빨리 뜨고 감는 것을 나타내어 '눈을 깜짝거리다'를 뜻한다.

순간(瞬間) 눈 깜짝할 사이와 같이 극히 짧은 동안.
순식(瞬息) 눈 한 번 깜짝하거나 숨 한 번 쉴 사이와 같이 짧은 동안.

瞬 瞬 瞬 瞬

保 지킬, 보호할 보

+ 한자능력검정시험 4급 + 人(亻)부의 7획 총 9획

'어른'을 뜻하는 亻(인)과 '포대기에 쌓인 아이'를 나타내는 呆(보)를 합하여, 어른이 아이를 안고 있는 모습에서 '보전하다', '지키다'를 뜻한다.

보온(保溫) 일정한 온도를 유지함.
보호(保護) 돌보아 지킴.

保 保 保 保

假 거짓 가

+ 한자능력검정시험 4급 + 人(亻)부의 9획 총 11획

원래 글자는 叚(가)로 언덕 아래에서 두 사람이 물건을 주고받는 모습에서 '빌리다'의 뜻이 나왔고, 뒤에 亻(인)이 더해졌다. 빌린 것은 진짜 내 것이 아니므로 '가짜', '거짓'의 뜻도 나타낸다.

가면(假面) 나무, 흙, 종이 따위로 만든 얼굴 형상.
가상(假想) 사실이라고 가정하여 생각함.

假 假 假 假

殿 瞬 跌 伐
假 保 踐 搭

跌 거꾸러질 질

+ 한자능력검정시험 1급 + 足(足)부의 5획 총 12획

失(실)은 '빗나가다', '벗어나다'를 뜻하며, 足(족)을 더하여 '발을 헛디디다', '발부리가 채어 넘어지다'의 뜻을 나타낸다.

차질(蹉跌) 발을 헛디디어 넘어짐 또는 하던 일이 계획이나 의도에서 벗어나 틀어지는 일.
질탕(跌宕) 신이 나서 지나치게 흥겨움.

跌 跌 跌 跌

踐 밟을 천

+ 한자능력검정시험 3급 + 足(足)부의 8획 총 15획

戔(전)은 '갈기갈기 찢다', '토막을 내다'의 뜻으로, '발'을 뜻하는 足(족)을 더하여 '발로 짓밟아 해치다', '손상시키다'의 뜻을 나타낸다. 또는 단순히 '밟다'의 뜻도 나타낸다.

천답(踐踏) 짓밟음.
천행(踐行) 실지로 행함.

踐 踐 踐 踐

搭 탈 탑

+ 한자능력검정시험 1급 + 手(扌)부의 10획 총 13획

뜻을 나타내는 手(수)와 음을 나타내는 荅(탑)을 합하여, '탈것에 타다', '물건을 싣다', '때리다'의 뜻을 나타낸다.

탑승(搭乘) 배·수레 따위에 올라탐.
탑재(搭載) 배·수레 따위에 물건을 실음.

搭 搭 搭 搭

伐 칠 벌

+ 한자능력검정시험 4급 + 人(亻)부의 4획 총 6획

'사람'을 뜻하는 亻(인)과 '창'을 뜻하는 戈(과)가 합하여, '사람의 목을 창으로 베다'에서 '치다', '베다'의 뜻을 나타낸다.

벌목(伐木) 나무를 베어 냄.
벌초(伐草) 산소의 잡초를 베어서 깨끗이 함.

伐 伐 伐 伐

마법의 한자를 잡아라!

斂 거둘 렴(염)

+ 한자능력검정시험 1급 + 攵(攴)부의 13획 총 17획

'여럿이 함께 이구동성으로 말하다'의 뜻인 僉(첨)에 攵(복)을 더하여, '합쳐서 거두다'의 뜻을 나타낸다.

염거(斂去) 하는 일을 그만두고 물러감.
염장(斂藏) 저장함. 넣어 둠.

吞 삼킬 탄

+ 한자능력검정시험 1급 + 口부의 4획 총 7획

목젖의 모양을 본뜬 夭(천)에 口(구)가 더해져 씹지 않고 단숨에 '삼키다'의 뜻을 나타낸다.

탄성(吞聲) 소리를 내려고 하여도 소리가 나오지 아니함.
탄토(吞吐) 삼킴과 뱉음.

會 모일 회

+ 한자능력검정시험 6급 + 曰부의 9획 총 13획

아랫부분의 그릇과 중간의 음식물, 윗부분의 뚜껑이 결합된 글자로, 그릇과 뚜껑이 잘 맞는 데서 '잘 맞다', '만나다'의 뜻을 나타낸다.

회담(會談) 한곳에 모여 이야기 함.
회식(會食) 여러 사람이 모여 같이 음식을 먹음.

妨 방해할, 거리낄 방

+ 한자능력검정시험 4급 + 女부의 4획 총 7획

'여자'를 뜻하는 女(녀)와 '나란하다'의 뜻을 나타내는 方(방)을 합하여, 여자가 줄지어 있음으로 방해가 된다는 데서 '방해하다'의 뜻을 나타낸다.

방해(妨害) 남의 일에 간섭하고 막아 해롭게 함.
방지(妨止) 어떤 일이나 현상을 일어나지 못하게 막아 정지시킴.

다시 알아보는 마법의 한자

한자	뜻	소리	급수	첫 등장
鐵	쇠	철	5급	9권
拳	주먹	권	3급	10권
爆	터질	폭	4급	11권
投	던질	투	4급	17권
下	아래	하	7급	3권
壓	누를	압	4급	11권
魔	마귀	마	2급	5권
石	돌	석	6급	2권

한자	뜻	소리	급수	첫 등장
弓	활	궁	3급	7권
射	쏠	사	4급	7권
滅	없어질	멸	3급	14권
反	돌이킬	반	6급	6권
生	날	생	8급	2권
排	밀칠	배	3급	17권
彈	탄알	탄	4급	11권
毒	독	독	4급	16권

달라진 부분을 찾아라!

자신을 위해 싸우다 다친 큐티와 삼장을 빨리 구해 내야 하는 오공은 석상들을 이용해 호위장군을 무찌르기로 해요. 한자마법으로 살아난 석상들은 호위장군과 잘 싸울 수 있을까요? 그림에서 서로 다른 부분 다섯 군데를 찾아보세요! 단, 말풍선 대사 부분은 제외랍니다!

드디어 만나게 된 손오공과 교만지왕! 과연 서로의 첫인상은 어땠을까요? 그리고 오공은 교만지왕을 물리치고 삼장과 함께 도술섬으로 돌아가게 될까요? 서로 다른 부분 다섯 군데를 찾아보세요! 단, 말풍선 대사 부분은 빼고요!

※ 정답은 마법천자문 홈페이지 magichanja.book21.com에서 확인하세요.

내가 만드는 마법천자문

광명상제가 호위장군에게 밀서를 주고 있어요. 광명상제는 밀서에 대해 뭐라고 말했을까요? 또 호위장군은 밀서를 뜯으며 왜 놀랐을까요? 빈 말풍선에 대사를 직접 넣어 나만의 마법천자문을 완성해 보세요!

마법의 한자를 낚아라!

1. 會 자가 쓰인 낱말 한 개를 낚아 보세요.

Hint ✚ '한곳에 모여서 이야기하다'를 뜻하는 단어를 찾아보세요.

2. 急 자가 쓰이지 않은 낱말 한 개를 낚아 보세요.

Hint ✚ 같은 반 친구를 뜻하는 단어를 찾아보세요.

3. 保 자가 쓰인 낱말 두 개를 낚아 보세요.

Hint ✚ '지키다'를 뜻하는 단어들을 찾아보세요.

※ 정답은 마법천자문 홈페이지 magichanja.book21.com에서 확인하세요.

마법의 한자 퀴즈를 풀자!

※ 정답은 마법천자문 홈페이지 magichanja.book21.com에서 확인하세요.

초급 수련원 우선은 **쉬운 문제**부터 해결해 보자!

1. 교만지왕은 마지막으로 이 마법을 사용하여 삼장의 악마화 수치를 끌어올렸어요. '마귀 마' 마법의 힘을 더 강하게 만든 이 한자마법은 무엇일까요?

❶ 盆　　　❷ 弱　　　❸ 翼　　　❹ 多

2. '추적' 마법을 통해 검은마왕을 쫓던 혼세는 거대한 은둔의 성이 공중으로 솟아 오르는 기이한 광경을 보게 되었어요. 그리고 이 한자마법을 사용하여 재빨리 성에 올라타게 되지요. 이 한자마법은 무엇일까요?

❶ 答　　　❷ 昇　　　❸ 登　　　❹ 搭

3. '폭파' 마법으로 호위장군을 무찌른 줄 알았던 오공은 갑자기 뒤에서 튀어나온 파란색 마법 손 안에 꽉 잡혀 버렸어요. 호위장군이 사용한 이 한자마법은 무엇일까요?

❶ 遠　　　❷ 踏　　　❸ 握　　　❹ 惡

Hint ✚ '손'을 뜻하는 부수가 들어간 한자를 찾아보세요.

중급 수련원 이번엔 **좀 더 어려운 문제**로 수련해 보자!

4. 큐티는 호위장군으로부터 오공을 지키기 위해 죽을힘을 다해 싸우다가, 마지막 공격으로 단어 마법을 사용해요. '활이나 총을 쏘아 죽이다'는 뜻의 이 한자마법은 무엇일까요?

❶ 射殺　　❷ 制擧　　❸ 死力　　❹ 生命

5. 교만지왕은 오공의 '돌파' 마법에 대항하여, 지팡이를 자신처럼 보이게 해 오공을 속이는 마법을 사용해요. 이 한자마법은 무엇일까요?

❶ 攻　　　❷ 假　　　❸ 代　　　❹ 形

Hint ✚ '가짜', '거짓'을 뜻하는 한자예요.

158 _ 마법천자문

6 교만지왕이 인질로 잡은 동자, 아티스, 나르디를 해치려고 해요. 오공을 친구들 곁으로 순식간에 달려가게 한 이 한자마법은 무엇일까요?

① 速　　② 瞬　　③ 迅　　④ 快

Hint + '눈 깜짝할 사이'라는 뜻으로, '눈'을 뜻하는 부수가 들어간 한자를 찾아보세요.

7 호위장군이 오공에게 '투하' 마법에 이어서 공격한 마법이에요. 오공이가 마음대로 움직이지 못하도록 두 손으로 꼭 억눌렀던 한자마법은 무엇일까요?

① 突破　　② 鐵拳　　③ 抑壓　　④ 停止

고급 수련원

이번 관문을 통과하면 **한자마법 고수**로 인정하노라!

호위장군과 싸움 도중 삼장의 비명 소리가 들리자 조급해진 오공은 석상들을 이용하여 호위장군을 따돌렸어요. 이제 오공이가 빨리 삼장의 곁으로 갈 수 있도록 (　　)에 들어갈 한자마법을 보기에서 골라 보세요.

 큐티, 빨리 삼장을 구하러 가자! 급하다, 급해! (　　)

 장군님, 저 문 안에 삼장 님이 계신 것 같아요.

 그렇다면 문을 부숴 버려야지! 헐어 버려라! (　　)
근데 저 관은 뭐지? 삼장 내가 거기서 꺼내 줄게. 때려라! (　　)

 생각보다 단단하지요? 옥황계의 영웅님을 뵈었으니 제가 선물을 드리지요.
여기 삼장 님 말고도 다른 친구 분들이 있습니다.
더 이상 공격한다면 친구 분들의 목숨도 위험할 것입니다.

 치사한 녀석 같으니라고! 나는 모두 구해 낼 거야! 보호해라! (　　)

보기　　保　　打　　急　　毀　　毆

책과 애니메이션으로만 접하던 마법천자문 손오공을 내 눈앞에서 만지고, 보고, 느끼고, 체험할 수 있는 **키즈테마파크가 탄생했다!!**

마법천자문 키즈테마파크

다양한 이벤트를 즐기세요!

http://cafe.naver.com/cheonjamoonpark

NAVER 검색창에 　마법천자문키즈테마파크　 를 쳐보세요

일산 두산 위브더제니스 (탄현역 2번 출구)

문의전화 : 031) 924-5059

연중무휴 | 18개월이상 입장 | 주최·주관 : (주) 비씨엔터테인먼트

50% 특별할인
입장시 본 쿠폰을 제시하면
할인을 받을 수 있습니다.
(어린이 1인 限)
2014. 8. 31일 까지)

업데이트로 더욱 새로워진!
스마트폰 속의 마법천자문!

마법천자문 한자영웅전

책 내용을 다시 볼 수 있는 스토리 모드!
다양한 캐릭터 카드를 모으고 성장시키는 던전 모드!
친구들의 캐릭터 카드와 치열한 대결을 펼치는 대전 모드!

스마트폰에서 www.jammygames.com으로 접속하세요!

마법천자문 28권 구매 고객 특별 선물 쿠폰!
스마트폰 게임 『마법천자문 한자영웅전』에서
하단의 코드를 입력해 주세요.

쿠폰코드: HEROES COUPON28

게임 앱 다운 받으러 가기!

http://www.jammygames.com

손오공의 한자 대탐험

마법천자문

28 한곳으로 모여라! 모일 회

글 올댓스토리 | **윤색** 김성재 | **그림** 홍거북
감수 김창환

1판 1쇄 인쇄 | 2014년 4월 7일
1판 1쇄 발행 | 2014년 4월 15일

펴낸이 | 김영곤
부사장 | 임병주
기획개발 | 은지영 이정은 장영옥
영업본부장 | 이희영
아동영업 | 장명우 유선화
콘텐츠제휴사업 | 송근우 임동렬
북디자인 | 손성희 곽유리

펴낸곳 | (주)북이십일 아울북
등록번호 | 제10-1965호
등록일자 | 2000년 5월 6일
주소 | 경기도 파주시 회동길 201(문발동) (413-120)
전화 | 031-955-2119(기획개발), 031-955-2100(마케팅·영업/독자문의)
브랜드 사업 문의 | 031-955-2448 egtree@book21.co.kr
팩시밀리 | 031-955-2421
홈페이지 | magichanja.book21.com

ISBN 978-89-509-5494-9
ISBN 978-89-509-3620-4(세트)

Copyright©2014 by Book21 아울북. All rights Reserved.
First edition printed 2014. Printed in Korea.
이 책을 무단 복사·복제·전재하는 것은 저작권법에 저촉됩니다.

* 잘못 만들어진 책은 **구입하신 서점**에서 교환해 드립니다.
* 가격은 책 뒤표지에 있습니다.